뇌톡톡

인생 스토리북 만들기

회상카드 활용

뇌톡톡
인생 스토리북 만들기

초판인쇄 2025년 2월 10일
초판발행 2025년 2월 15일
지은이 이현정

펴낸곳 다누리연구소
펴낸이 이현정
책임편집 부카
책임디자인 부카
제작유통 부카 1577-1912

등 록 2023년 5월 10일
주 소 창원시 의창구 평산로23, 310호(팔용동 신화테크노밸리)
　　　　전화 1588-7541　　팩스 055-253-5531
　　　　이메일 ihj0727@naver.com
　　　　블로그 http://blog.naver.com/ghbb9310
　　　　카페 https://cafe.naver.com/ghbb0809
ⓒ ISBN 979-11-982601-3-0
• 책값은 뒤 표지에 있습니다.

※이 책의 내용은 저작권법의 보호를 받는 저작물이므로 무단 전제와 복제름 금합니다.

뇌톡톡

인생 스토리북 만들기

회상카드 활용

다누리연구소

Contents

I	인생 스토리북 취지와 목적	6
II	노년기의 이해	8
III	뇌톡톡 인지 교육	9
IV	뇌구조의 이해	10
V	치매 예방을 위한 회상 활동	11
VI	프로그램 개요	14
VII	인생스토리북	17

    뇌톡톡 회상카드   20
       - 일 상
       - 먹거리
       - 놀 이
       - 탈 것
       - 여 행

    감정카드   56
    나의 이야기   66
    버킷리스트   82
    나의 사전연명의료 의향서   83
    나에게 보내는 편지   84
    소감문   86
    나무꾸미기   88
    손그리기   90
    더하고 싶은 내용   92

뇌톡톡
인생 스토리북
개요

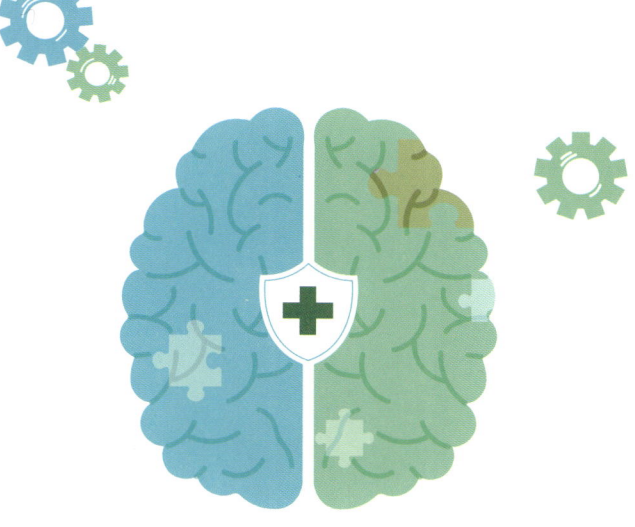

I. 인생 스토리북 취지와 목적

I 인생 스토리북 취지와 목적

　2019년 미국 버지니아 대학교 티모시 솔트하우스(Timothy Salthouse) 심리학 교수는 헬시 라이프 하이닥 건강의학지에서 자신의 논문을 통해 "인지기능과 기억력 같은 뇌 기능은 20대 중반부터 서서히 감퇴하다 60대 이후 크게 급감한다"고 말했다. 이어 "반면에 어휘력 같은 언어능력은 20대 이후부터 점점 증가하다가 70대 이후에 정점에 이른다"고 주장했다. 다른 연구의 결과를 봐도 60대를 훌쩍 넘긴 노년층의 어휘력이 20대 청년보다 뛰어난 경우가 많았다. 크루즈 교수를 포함한 전문가들은 이에 대한 배경으로 사람이 일생 동안 살면서 겪는 경험과 책, 신문 읽기 등이 어휘력을 포함한 언어능력을 발달하게 했기 때문이라고 추측한다. 하지만 몇몇 사람들에게는 향상된 언어능력이 문제가 될 수도 있다. 많은 것을 알고 있지만, 약해진 인지기능으로 인해 자신의 언어 구사능력을 뒷받침해 줄 적절한 단어를 찾는데 어려움을 겪을 수 있기 때문이다.

　전문가들은 운동으로 근육을 키워 신체 노화를 늦추듯이, 읽기와 글쓰기 등으로 뇌 기능을 단련시켜 인지기능 약화를 늦출 수 있다고 조언한다. 인지기능 유지에 가장 좋은 것은 글쓰기다.

　미국 유타 주립 대학교 연구진이 평균 나이 73.5세인 노인 215명을 대상으로 글쓰기가 인지기능에 미치는 영향을 조사한 결과, 짧은 글이라도 꾸준하게 쓰면 뇌 기능 유지에 도움이 되며 치매 예방에도 큰 도움이 된다는 사실을 발견했다. 연구진은 "글을 길게 쓰면 쓸수록 인지기능 유지에 큰 도움이 된다"고 전했다. 독서 역시 인지기능 유지에 좋다. 독서는 뇌에 적절한 자극을 주기 때문에 노화와 함께 찾아오는 정보 처리력과 분석력 및 이해력, 기억력 감퇴를 예방해 준다. 단, 책 종류에 따라 효과의 정도는 다르다. 영국 리버풀 대학교 필립 데이비스(Philip Davis) 문화사회학 교수는 논문에서 "문장 구조가 복잡한 책을 읽을 때 뇌의 전기신호가 급증해 뇌가 더 활성화되어 뇌 기능 개선 효과가 커진다." 라고 노년층의 언어 능력과 인지기능에 관련하여 다양한 연구 결과를 소개하고 있다.

　위 내용에서 알 수 있듯이 60대 이후부터는 인지기능과 기억력이 크게 감소하는 경향이 있으나, 언어능력(어휘력)은 20대 이후부터 증가하다가 70대이후에 정점에 이른다.
　언어능력 향상을 위한 글쓰기는 뇌 기능을 단련시키고, 인지기능 약화를 늦출 수 있는데, 특히 긴

글을 쓸수록 더 큰 도움이 된다. 그리고 독서는 노화로 인해 찾아오는 정보 처리력, 분석력, 이해력, 기억력 감퇴를 예방하는 데 도움이 된다. 특히 문장 구조가 복잡한 책을 읽을 때 뇌의 활성화가 더 크며 뇌 기능 개선 효과가 커진다.

따라서 노년층은 글쓰기와 독서를 통해 인지기능과 언어능력을 유지하고 발전시키는 것이 좋다는 것을 전문가들이 조언하고 있다.

다누리인재교육컨설팅은 다년간의 노인교육 및 노인 인지교육 강사로서의 경험을 바탕으로 노인의 뇌 인지활성화와 언어능력 향상을 도모하는 것은 물론 노인의 생활, 삶의 지혜를 담을 수 인생 스토리를 워크북을 제작하였다. 글쓰기와 독서를 통해서 언어능력을 유지하고 발전시키는데 큰 도움이 되기를 기대한다.

인생스토리 워크북은 노인들이 자신의 경험과 지혜를 글로 담아내고 기록할 수 있는 기회를 제공하여, 글쓰기를 통해 뇌 기능을 단련시키고 언어능력을 향상시킬 수 있게 도와줄 것이다. 또한, 독서를 통해 복잡한 문장 구조의 책을 읽게 함으로써 노인들의 뇌 활성화를 높여 기능을 개선시키는데 도움을 주고자 한다.

인생스토리 워크북은 노인들에게 삶의 만족도를 높여주고, 자아를 발견하고 기억을 회상하는데 도움이 될 것이다. 또한, 가족들과의 소통과 공유를 통해 사회적 관계를 강화하고 긍정적인 노후 경험을 만들어 행복한 노후 생활이 될 것이다.

노인교육과 노인 인지교육은 점점 더 중요한 사회적 주제가 되고 있으며, 이러한 분야에서 노인들이 자신의 삶을 기록하고 소통할 수 있는 도구가 제공된다면, 노인들의 인지능력과 생활의 질을 향상시키는데 큰 역할을 할 것이다. 따라서 다누리인재교육컨설팅의 인생스토리 워크북 제작은 매우 의미 있는 일이라고 할 수 있다.

Ⅱ. 노년기의 이해

1. 취지와 목적

　　노인들의 신체적, 심리적, 사회적 특성과 문제점을 이해하고, 그들의 삶의 질을 향상시키기 위한 방법을 찾는 것을 말한다. 노인들은 체력적으로나 건강적으로 제한이 있을 수 있기 때문에 노인들의 특성과 상황을 고려하여 적절한 지원과 관심을 제공해야 한다. 노인들은 경험과 지식이 풍부하다. 따라서 그들의 삶의 경험을 존중하고, 그들과의 소통을 통해 상호적인 관계를 유지하는 것이 중요하다.

2. 노년기의 이해 및 특성

　　노인은 일반적으로 65세 이상의 연령층을 말한다. 하지만, 건강 상태나 사회적 상황 등에 따라 노인이라고 분류되는 연령이 달라질 수 있다.
　　노인들은 일반적으로 노화로 인해 신체적, 인지적, 사회적 변화가 일어나며, 이에 따라 건강 문제, 인지 기능 저하, 사회적 고립 등의 문제가 발생할 수 있다. 그러나, 노인들은 경험과 지식이 풍부하며 삶의 경험을 바탕으로 지혜롭고 성숙한 판단력을 가지고 있다. 노인들은 적극적인 사회활동과 가족, 친구, 지역사회와의 교류를 통해 삶의 질을 높일 수 있다.

3. 고령사회의 이해

　　고령사회는 인구 구조에서 노인 인구 비율이 높아지는 사회를 말한다. 고령사회는 인구 구조의 변화로 인해 발생하며, 노인들의 삶의 질을 향상시키기 위해서는 고령사회의 특성과 문제점을 이해해야 한다. 고령사회에서는 노인들의 건강 문제, 사회적 고립, 경제적 문제 등이 발생할 수 있으며, 이러한 문제들을 해결하기 위해서는 노인들에게 적절한 지원과 관심을 제공해야 한다. 또한, 고령사회에서는 노인들의 경험과 지식을 존중하고, 그들과의 상호작용을 통해 상호적인 관계를 유지하는 것이 중요하다. 이를 통해 고령사회에서도 노인들이 삶의 질을 높일 수 있다.

4. 뇌의 노화 시점

　　노인인지교육과 추억회상은 노인들의 건강한 노후생활을 위해 중요한 요소이다. 또한, 최근 미국 버지니아 대학의 연구에 의하면 뇌의 노화가 시작되는 시점이 20대 중반부터라고 제시해 눈길을 끌고 있다.
　　결론적으로 뇌는 생각보다 빨리 노화가 시작되기 때문에 100세 시대의 근본적 노화예방을 위해서는 보다 빨리 관리를 시작하고 준비해야 한다.

따라서 노인들은 뇌 건강을 유지하기 위해 평소에 적극적인 노력이 필요하다. 예를 들어, 운동, 건강한 식습관, 사회활동 등을 통해 뇌 건강을 유지하고, 치매 예방을 위한 노력을 해야 한다. 노화에 대한 인식을 바탕으로 건강한 노후생활을 위한 준비와 노력을 꾸준하게 해야 한다.

5.치매예방 인지놀이의 종류

치매 예방을 위한 인지놀이에는 다양한 종류가 있다. 예를 들어 퍼즐, 수학 문제, 단어 게임, 추리 게임, 기억력 게임, 언어놀이, 글쓰기 등이 있으며 이외에도 노래 부르기, 춤추기, 그림그리기, 요리하기 등의 활동도 인지능력을 유지하고 향상시키는 데 많은 도움이 된다. 노인들의 취향과 관심사에 맞는 인지놀이를 선택하여 적극적으로 참여할 수 있도록 지원하는 것이 중요하다.

Ⅲ. 뇌톡톡 인지 교육

1. 노인인지교육 필요성

인지교육은 노인들이 건강하고 즐거운 노후생활을 할 수 있도록 돕는 것이다. 그 중 추억회상은 노인들이 과거의 경험을 회상하며 자아를 다지게 한다. 자신의 삶을 돌아보는 추억회상을 통해 노인들은 긍정적인 감정을 느끼고, 자신의 삶에 대한 새로운 인사이트를 얻을 수 있다. 이를 통해 노인들이 자신의 인생을 더욱 풍요롭게 살아갈 수 있게 한다.

2. 뇌톡톡 인지교육의 중요성

① 노력하는 뇌는 잠들지 않는다.
② 잔존능력을 오랫동안 유지시켜 준다.
③ 손상된 인지 기능의 지속적 자극을 통해 인지기능을 향상시킨다.
④ 과거의 기억을 되살려 긍정적 자기강화를 유도한다.
⑤ 놀이와 퀴즈를 접목시켜 재미를 더한다.
⑥ 인지와 감성을 접목시켜 아름다운 노년를 설계하도록 돕는다.

> Ⅳ. 뇌구조의 이해

Ⅳ 뇌구조의 이해

1. 전두엽의 기능 : 감정, 운동, 지적 기능

전두엽은 인간 뇌에서 중요한 역할을 하는 부위 중 하나이다. 전두엽은 인지능력, 추론, 판단, 계획, 실행 등 다양한 뇌 기능과 관련이 있다. 또한, 전두엽은 감정조절과 관련된 부위로, 우울증, 불안장애 등의 정신질환과도 관련이 있다. 따라서, 전두엽의 기능을 유지하고 강화하기 위해서는 건강한 식습관, 충분한 수면, 꾸준한 운동, 사회활동 등이 중요하다. 또한, 뇌 훈련 게임이나 **인지능력 향상 프로그램** 등을 통해 전두엽의 기능을 유지하고 향상시킬 수도 있다.

2. 해마와 측두엽의 기능 : 언어기능

해마는 기억과 관련된 뇌 부위 중 하나이다. 해마는 새로운 정보를 받아들이고, 장기적인 기억을 형성하는 데 중요한 역할을 한다. 또한, **해마는 과거의 기억을 회상하고, 기억의 재구성에도 관여**한다.

측두엽은 시각 정보 처리와 관련된 뇌 부위 중 하나이다. 측두엽은 시각적인 정보를 받아들이고 이를 분석하여 시각적인 인식과 인지능력을 제공한다. 또한, 측두엽은 언어 이해와 관련된 부분도 있습니다. 따라서, 측두엽의 기능을 유지하고 강화하기 위해서는 **시각적인 자극과 활동, 언어 학습 등이 중요**하다. 뇌 훈련 게임이나 시각적인 자극을 제공하는 프로그램 등을 통해 측두엽의 기능을 유지하고 향상시킬 수도 있다.

3. 두정엽의 기능 : 공간, 감각기능

두정엽은 공간 지각과 관련된 뇌 부위로 **운동 기능, 수학적 계산, 독서** 등을 담당한다. 또한, 촉각, 고통, 압력, 온도 등을 인지하고 감각 정보를 통합하는 기능도 맡고 있습니다. 이러한 두정엽의 기능을 유지하고 강화하기 위해서는 **운동, 수학, 독서** 등을 지속적으로 실천하고 감각 정보를 다양하게 체험하며 두정엽을 자극하는 것이 중요하다.

4. 후두엽의 기능 : 시각 기능

후두엽은 말하기와 관련된 뇌 부위 중 하나이다. 후두엽은 음성을 생성하고 발성 근육을 제어하여 말하기를 **가능하게 한다**. 또한, 후두엽은 **언어 이해**와 관련된 부분도 있다. 따라서, 후두엽의 기능을 유지하고 강화하기 위해서는 **말하기 연습과 언어 학습이 중요**하다. 말하기 연습을 위해서는 발성 근육을 강화하는 운동이나 발음 연습 등을 할 수 있다. 언어 학습을 위해서는 언어 교육 프로그램이나 외국어 학습 등을 통해 후두엽의 기능을 유지하고 향상시키는 것도 방법이다.

Ⅴ. 치매예방을 위한 회상 활동

5. 속뇌인 변연계, 편도체의 기능

속뇌는 뇌의 구조 중 하나이며, **변연계**와 **편도체**는 속뇌의 일부분이다. 변연계는 시각 정보를 처리하고, 편도체는 청각 정보를 처리한다. **영화감상**이나 **대화** 등은 뇌를 자극하는 좋은 방법 중 하나이다. 공포 영화는 뇌세포를 죽이는 신경전달 물질을 촉진할 수 있으므로 과도한 시청은 좋지 않다. 모여서 대화할 때 **칭찬과 긍정적인 언어를 사용하는 것은 뇌를 자극하고 긍정적인 감정을 유발**할 수 있다. 기분 좋은 친목 모임의 그룹 대화도 뇌를 자극하고 즐거움을 느끼게 해준다.

Ⅴ. 치매 예방을 위한 회상 활동

1. 회상요법?

회상 요법은 노인들의 기억력과 인지 능력을 향상시키기 위한 치료 방법 중 하나이다. 이 방법은 노인들이 **자신의 과거 경험을 회상**하고 그 경험에 대해 이야기함으로써 그들의 **인지 능력을 유지하고 향상**시키는 데 도움이 된다. 이러한 **회상 요법은 노인들의 삶의 질을 향상**시키 는 데도 도움이 된다.

2. 노인 회상요법의 목적

　최고의 안녕 수준을 성취하기 위해서 걱정, 두려움, 의심을 표현하게 하고 질병이 주는 의미와 새로운 희망을 발견할 수 있게 한다.

　회상 현상을 활용하는 것으로써 노인의 우울 감소, 자아존중감 증진, 죽음에의 접근 수용, 인지적 기능 증진, 삶의 만족도 증가 등의 기능을 한다.

　자아 통합에 효과적이며 고립으로 인한 고통과 외로움을 잘 극복하도록 돕는다.

Ⅴ. 치매예방을 위한 회상 활동

3. 회상 활동과 치매 예방

회상 활동과 치매 예방

> 옛 기억 되살리는 회상요법 비약물적 치료법으로 '주목'
>
> 조재민 기자 · 승인 2018.02.09 17:30 · 댓글 0
>
> 인지 기능 자극 효과 등 치매환자의 인지 안정화 효과 톡톡
>
> 치매치료에 있어 기존 약물적 요법이 아닌 비약물적 요법이 새로운 대안으로 떠오르면서 회상요법의 효과도 새롭게 조명받고 있다.
>
> 이미 세계적인 치매안심마을의 대표로 손꼽히는 네델란드 호그백 마을에서는 회상요법을 치매환자들의 생활 곳곳에 배치해 활용 중이며 국내외 적용 사례도 늘어가고 있다.
>
> 9일 관련 치매 기관들에 따르면 치매환자들의 과거의 기억을 떠올릴 수 있게 하는 회상요법이 다양하게 활용되고 있다.
>
> 회상요법은 치매환자에게 과거 의미있는 기억을 중심으로 고찰하도록 해 인지력을 자극하고 자신의 독자성을 찾고 나아가 자존감을 일부 회복하는 기능이 있다.
>
> 회상요법은 치매인지재활 치료 과정에 대부분 필수적으로 들어가는 항목으로 이미 국내외 다수의 연구논문을 통해 그 효과성도 입증되고 있다.

[이은아 박사의 치매를 부탁해]라는 책에 나오는 부분이다. 치매를 예방하기 위해서 글을 쓰는 것이 도움이 된다고 한다. **뇌톡톡 인생 스토리 북**은 어르신들이 기쁘고 즐거웠던 일들을 기억해서 적는 것으로 치매예방에 도움이 될 수 있게 구성했다.

> **3. 회상 인지활동과 우울 사이의 관계**
>
> 인지활동은 정신기능을 지남력, 기억력(단기, 장기), 계산능력 및 주의집중력, 언어기능, 이해, 판단기능 등으로 나타내는 것을 말한다 (Hodge, 1994). 그리고 회상활동은 노인들로 하여금 노인들이 경험한 과거 사건들 중 긍정적으로 유쾌한 경험을 기억해내어 다른 노인들과 이야기를 나누게 함으로써, 자아 존중감의 향상과 우울감 극복, 생활의 활력 등을 도모하는 치료법이다(Fly, 1983).

회상 인지 활동이 재가치매노인의 우울 감소에 미치는 영향
-홍정미(대전대학교 사회복지학과 사회복지학 전공) 석사 논문

> **1. 결론**
>
> 본 연구에서는 65세 이상 노인 중에서 노인장기요양 인정등급(1등급~5등급)을 판정을 받고 시설이나 주간보호 시설을 이용하지 않고 재가 서비스를 받고 있는 경증치매노인을 위한 회상 활동인지 프로그램을 구조화하였다. 그리고 본 연구에서는 이런 회상활동인지 프로그램이 재가치매노인의 인지기능향상 및 우울 감소에 미치는 영향을 알아보기 위한 방법으로 가설을 설정하고 검증하였다. 본 연구에서는 다음과 같은 결론을 내렸다.
>
> 실험 결과, 회상 인지활동을 실시한 집단은 실시 전 평균 우울 점수가 18.18에서 회상 인지활동을 실시 후 우울 점수 14.53로 낮아진 것으로 나타났다. 그러므로 첫 번째 가설인 회상 인지활동이 재가치매노인의 우울 감소에 영향이 있다는 결론을 얻었다. 그리고 두 번째 실험 결과, 회상 인지활동을 실시한 집단은 인지기능점수가 실시 전에 14.06에서 실시 후에 15.47로 높아진 것으로 나타났다. 그러므로 두 번째 가설인 회상 인지활동이 재가치매노인의 인지기능에 긍정적인 영향이 있다는 결론을 얻었다.

출처 : 대구대학교 사회복지대학원 논문

V. 치매예방을 위한 회상 활동

4. 뇌톡톡 회상 카드 활용 글쓰기의 기대효과

추억의 회상 카드 활용 글쓰기는 노인들이 자신의 추억을 회상하고, 그 추억을 글로 표현하는 방법입니다. 이 방법은 노인들의 인지 능력을 유지하고 향상시키는 데 도움이 되며, 글쓰기를 통해 자신의 감정을 표현하고 공유함으로써 노인들의 사회적 연결성을 높일 수 있습니다.

또한, 글쓰기를 통해 노인들이 자신의 삶을 되돌아보고 그동안의 경험을 떠올리면서 자아 통합에도 도움이 됩니다. 따라서 글쓰기는 노인들의 삶의 질을 향상시키는 데 도움이 됩니다.

뇌톡톡 회상 카드 활용 글쓰기는 노인들이 자신의 추억을 회상하고, 그 추억을 글로 표현하는 방법입니다. 이 방법은 노인들의 인지 능력을 유지하고 향상시키는 데 도움이 되며 글쓰기를 통해 자신의 감정을 표현하고 공유함으로써 노인들의 사회적 연결성을 높일 수 있습니다.

또한, 뇌톡톡 회상 카드는 이미지와 함께 제공되어 노인들이 더욱 생생하게 추억을 회상할 수 있도록 도와줍니다. 뇌톡톡 회상 카드를 활용하면 노인들의 삶의 질을 향상시키고 추억 공유를 통해서 상호유대감을 높여 줍니다.

다양한 회상 활동과 치매 예방

프로그램명	목표	주제	실시방법
가장 가능한 옛기억 이야기	기억력, 지남력, 집중력 유지	이름(이름을 누가 지어 주었나, 기억나는 이름), 나이, 출생, 가족관계, 고향, 고향집	집단 구성원들의 자기소개 및 회상에 대한 간략한 설명 및 초기회상 실시
어린시절 놀이 이야기	지남력, 기억력, 집중력유지	어릴적 친구, 윷놀이, 소꿉놀이, 딱지치기, 땅따먹기, 연날리기, 쥐불놀이, 비석치기, 자치기, 공기놀이, 구슬치기, 실뜨기, 불놀이	회상을 자극하고 과거의 기억을 원만하게 진행하기 위해 아동기, 어린시절의 경험, 놀이, 친구 및 옛 놀이에 대한 유도
가족생활 이야기	기억력, 지남력, 정서적 안정	결혼, 첫날밤, 자녀출산과 태몽 및 양육, 시집살이	회상 자극을 위하여 성인기, 결혼 및 자녀양육 경험 등 가족생활 관련된 회상을 유도
형제 및 자녀 이야기	기억력, 판단력유지	가족관계, 형제 및 자녀 이야기, 자녀들이 좋아 했던 음식, 형제나 자녀들의 특별했던 일	형제나 자녀의 중요한 사건(일), 고향 및 부모의 특별한 가르침 및 자녀이야기 회상 유도
여행 이야기	지남력, 판단력, 기억력유지	계절에 관련된 여행, 봄(꽃놀이), 여름(바다), 가을(단풍놀이,등산), 겨울 (겨울산, 눈, 얼음낚시), 기억에 남는 여행지, 흥미 있는 볼거리, 특별한 순간, 선물	가장 기억에 남는 즐거웠던 여행 및 여행지에 대한 이야기를 계절에 맞추어 회상을 유도
소망 이야기	판단력, 기억력, 정서적 안정	인생에서 가장 행복했거나 특별했던 순간, 현재 시설 내에서의 모습에 대한 생각, 앞으로의 소망, 자식과 손자들에게 전하고 싶은 것	앞으로의 삶(미래)계획 및 현재의 모습을 이야기해 보도록 유도

출처 : 대구대학교 사호 복지대학원 논문

Ⅵ. 프로그램 개요

Ⅵ 프로그램 개요

1. 개요

구 분	내 용	비 고
프로그램명	뇌톡톡 회상엽서 활용, 인생 스토리북 만들기	
교육일정	20 년 월 일	
대상인원		
프로그램제안	다누리인재교육컨설팅	

2. 제안 목적 및 방향

가. 추억회상 카드를 활용하여 건강 100세를 돕고 인지력을 향상 및 친구 되어주기 프로그램으로 외로움, 무료함, 질병 등을 예방하고 생활의 활력을 찾도록 도움을 준다.

나. 실버세대 성공적인 노후를 위한 추억 회상카드 활용은 우울감을 줄여주고, 자아 존중감 높여준다. 죽음에의 접근 받아들이게 하며, 인지적 기능을 높여, 삶의 만족도를 높여준다.

다. 회상엽서 활용을 통한 인생 스토리북 제작을 통해 건강한 노후를 위한 동기를 동기부여하고 자존감 회복을 돕는다.

3. 프로그램 운영방향

프로그램	내 용
친구 되어주기 (회상카드 활용)	- 회상카드(50장) - 개인사진 앨범 및 회상카드(5장) - 감정카드(5장) - 매화나무/ 일상에서의 내 모습 꾸미기
독거노인 및 실버세대 친구 만들기	- 생활지원사 활용 또는 재능기부, 기억친구 봉사자(퇴직자 우선) - 모집공고를 통해 친구 만들기
홈트 운동	- 봉사단 역량강화 및 뇌톡톡 회상친구 키트 활용 - 사회적 거리두기로 인한 외로움 지원 친구 되어주기 - 가가호호 방문 프로그램으로 퍼즐 맞추기 - 다양한 인지놀이를 통한 자존감 향상 프로그램
스토리북 제작	- 코로나 19로 홀로 계신 어르신들을 위한 회상카드를 활용한 실버세대 인생 스토리북 제작

프로그램 계획서

차시	요일	활동목표	비고
1		오리엔테이션 - 고스톱 인지력 게임 - 자기소개 하기	
2		뇌톡톡, 인지력 향상 - 인지 활성화를 위한 퍼즐게임 - 회상카드를 활용, 추억 회상하기	
3		뇌톡톡 회상카드 / 일상 - 일상 회상엽서 활용 - 언어 미술 꾸미기	
4		뇌톡톡 회상카드 / 먹거리 - 일상 회상엽서 활용 - 언어, 미술 꾸미기	
5		뇌톡톡 회상카드 / 놀이 - 먹거리 회상엽서 - 언어, 미술 꾸미기	
6		뇌톡톡 회상카드 / 여행 - 추억 놀이 회상엽서 - 언어, 미술 꾸미기	
7		뇌톡톡 회상카드 / 탈것 - 추억 놀이 회상엽서 - 언어, 미술 꾸미기	
8		나의 이야기 스토리 만들기 - 어린시절/ 청년시절/ 중장년시절/ 현재의 나 - 사진을 활용 나의 일대기 스토리 만들기	
9		나의 가족 스토리 만들기 - 소중한 나의 가족과의 추억 스토리 회상하기 - 사진을 활용, 나의 일대기 스토리 만들기	
10		나의 친구 스토리 만들기 - 나의 친구와의 소중한 추억 스토리 만들기 - 사진을 활용 나의 친구와의 회상 스토리 만들기	
11		미래의 나의 버킷리스트 - 버킷리스트 정리하기 - 사전의료연명서 쓰기	
12		나의 인생 스토리북 정리 - 1~11회기까지의 스토리 정리 및 인생 스토리북 만들기 - 발표회 및 전시회	

VI. 프로그램 개요

1 회상카드

뇌톡톡 회상카드는 기억력을 높이고 치매를 예방하기 위해 과거를 떠올릴 수 있는 48장의 사진들로 구성.

2 회상스토리 엽서

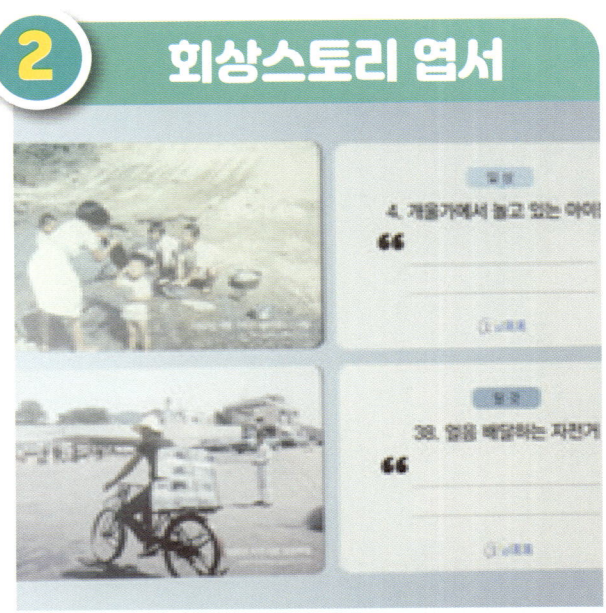

대상자가 사진을 보며 과거에 경험한 스토리를 떠올리고, 그 스토리를 회상 엽서의 질문지에 답을 써보는 형식.

3 감정카드

자신의 감정을 표현하는데 익숙하지 않은 어르신들이 감정카드를 이용하여 자신의 감정을 표현하도록 함.

4 개인별 커스텀카드

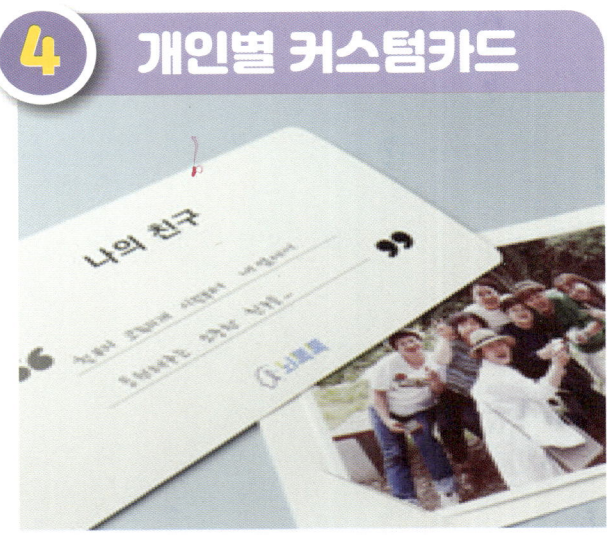

커스텀 카드에 자신의 사진을 끼우고 뒷면에 있는 질문에 대하여 대답을 적고 자신만의 이야기를 표현할 수 있도록 구성.

_____ 인생스토리북

사진

인생 스토리북

자기 소개하기

일상

인생 스토리북

일상

인생 스토리북

뇌톡톡 회상카드

매화나무 꾸미기

인생 스토리북

뇌톡톡 회상카드

일상

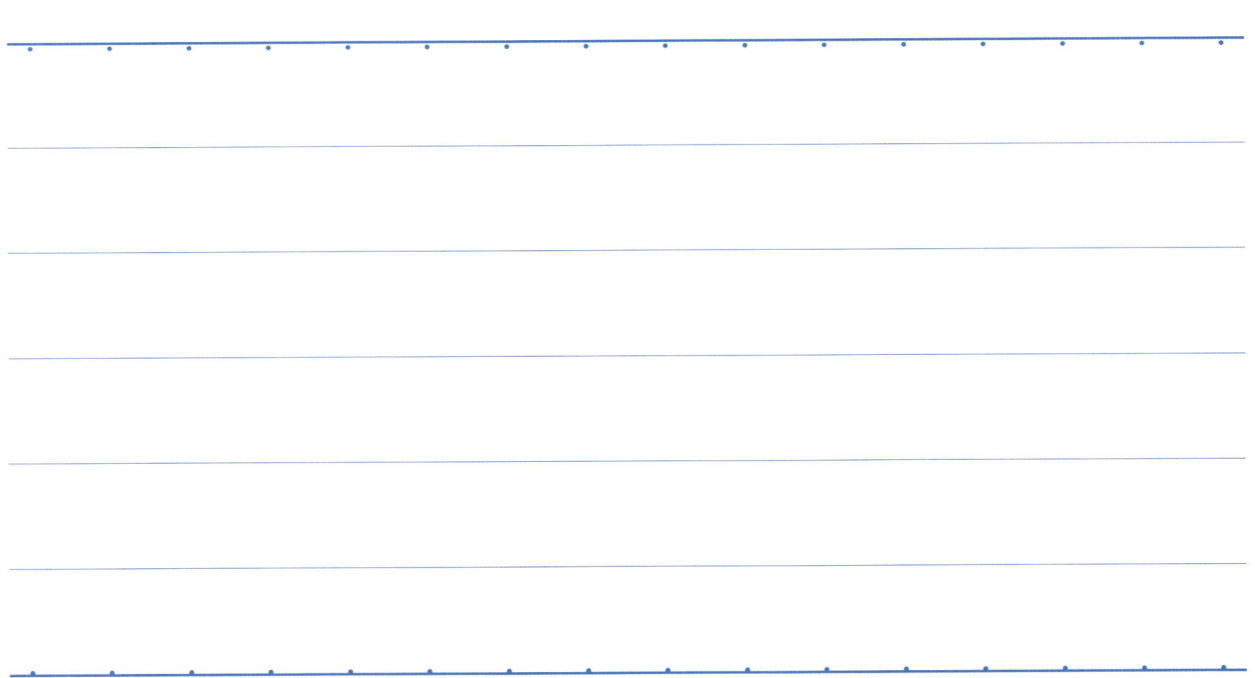

인생 스토리북

일상

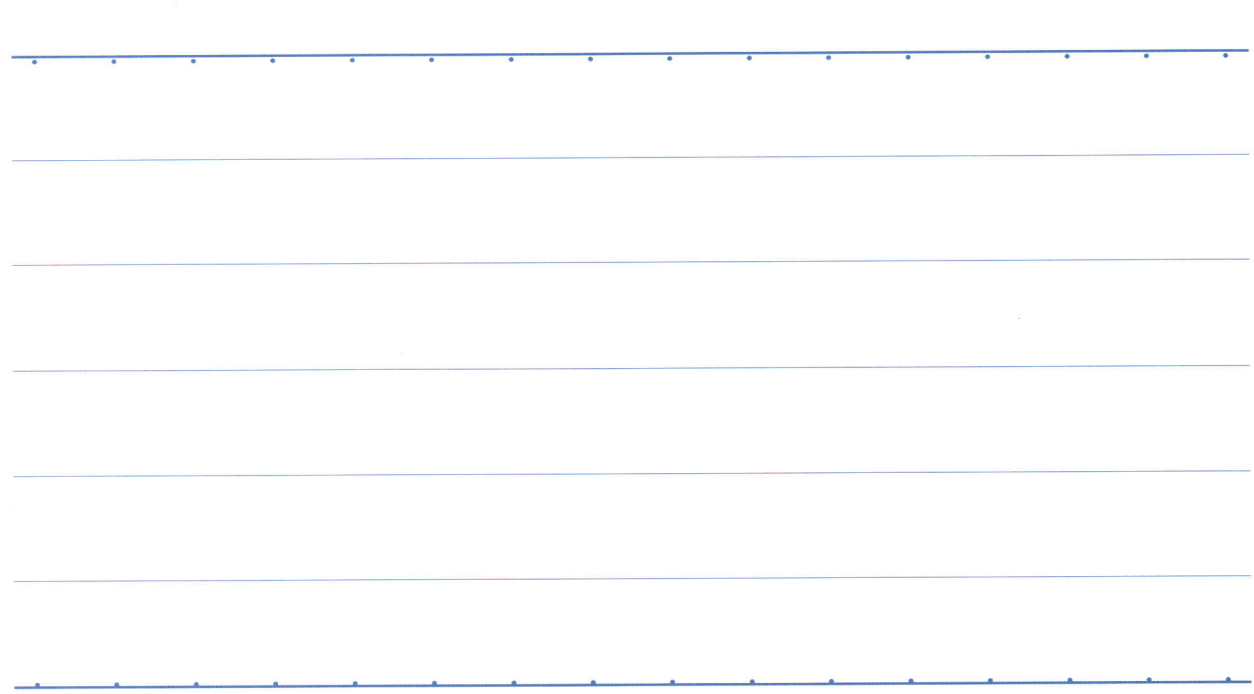

인생 스토리북

뇌톡톡 회상카드

일 상

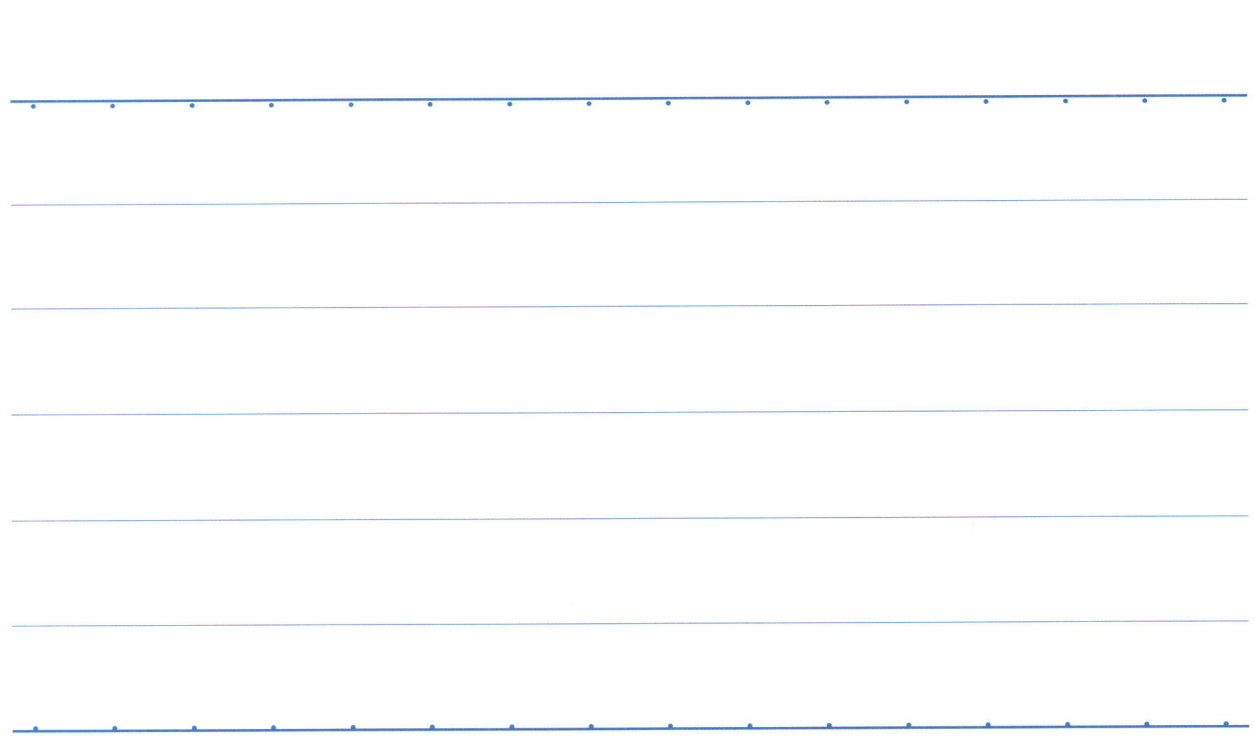

인생 스토리북

뇌톡톡 회상카드

먹 거 리

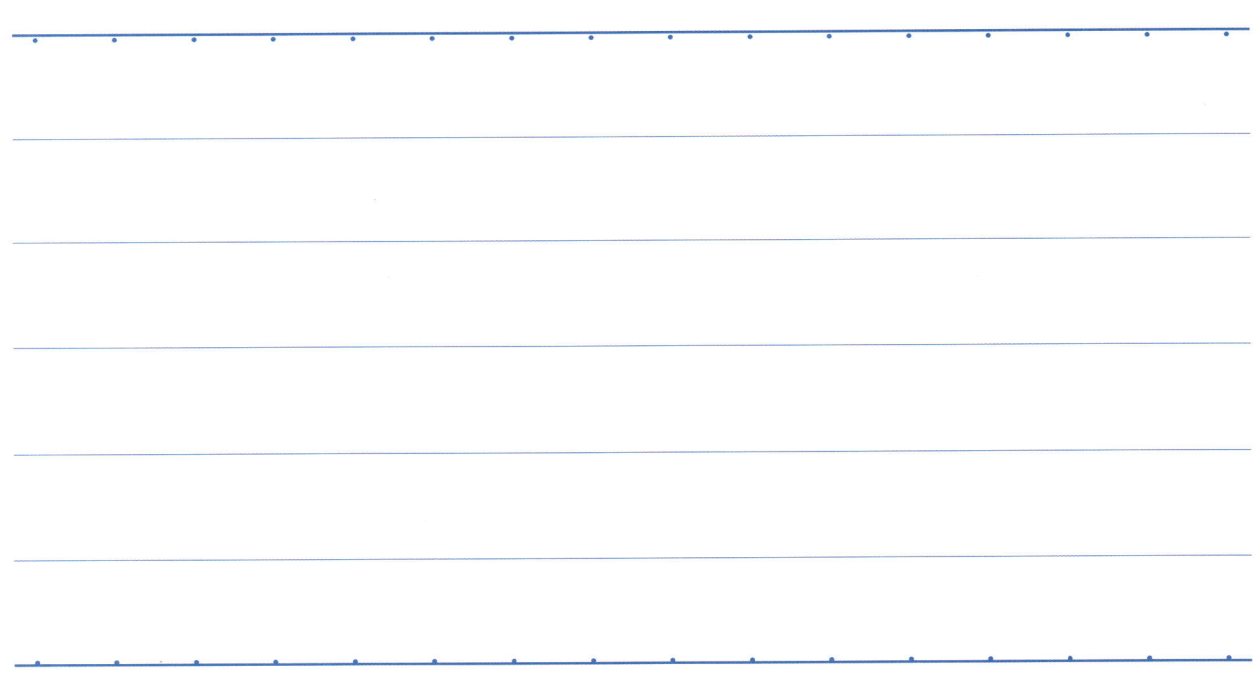

인생 스토리북

뇌톡톡 회상카드

먹 거 리

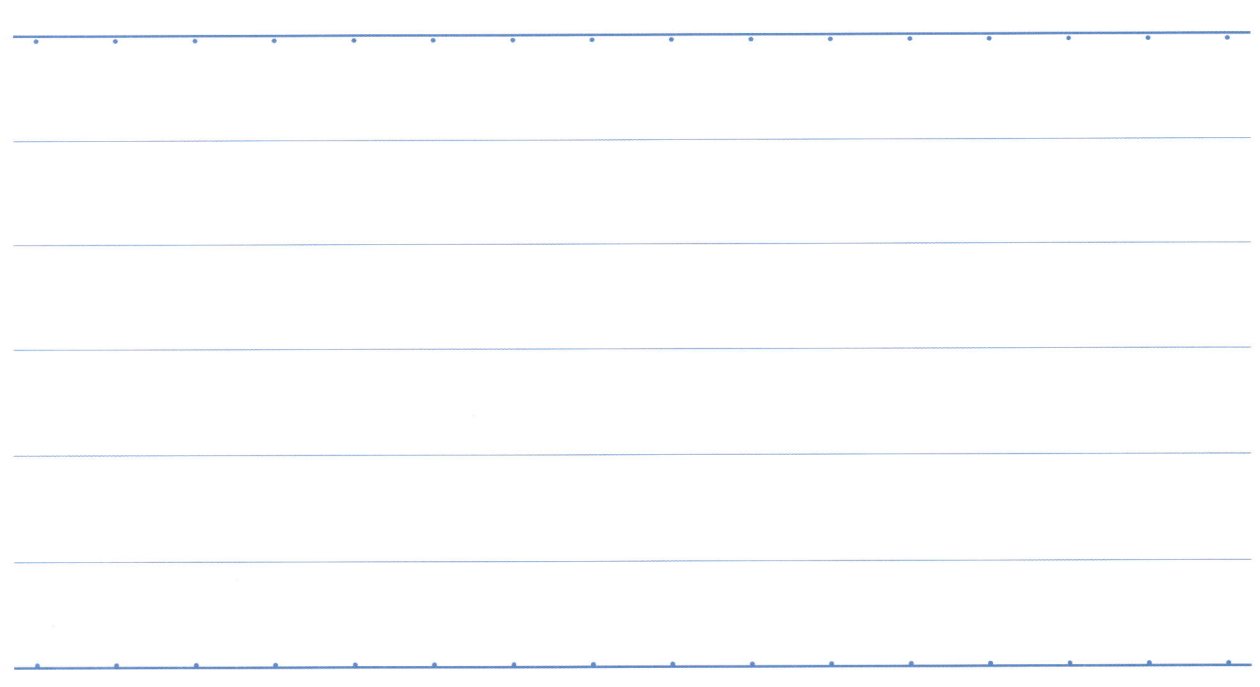

인생 스토리북

뇌톡톡 회상카드

먹 거 리

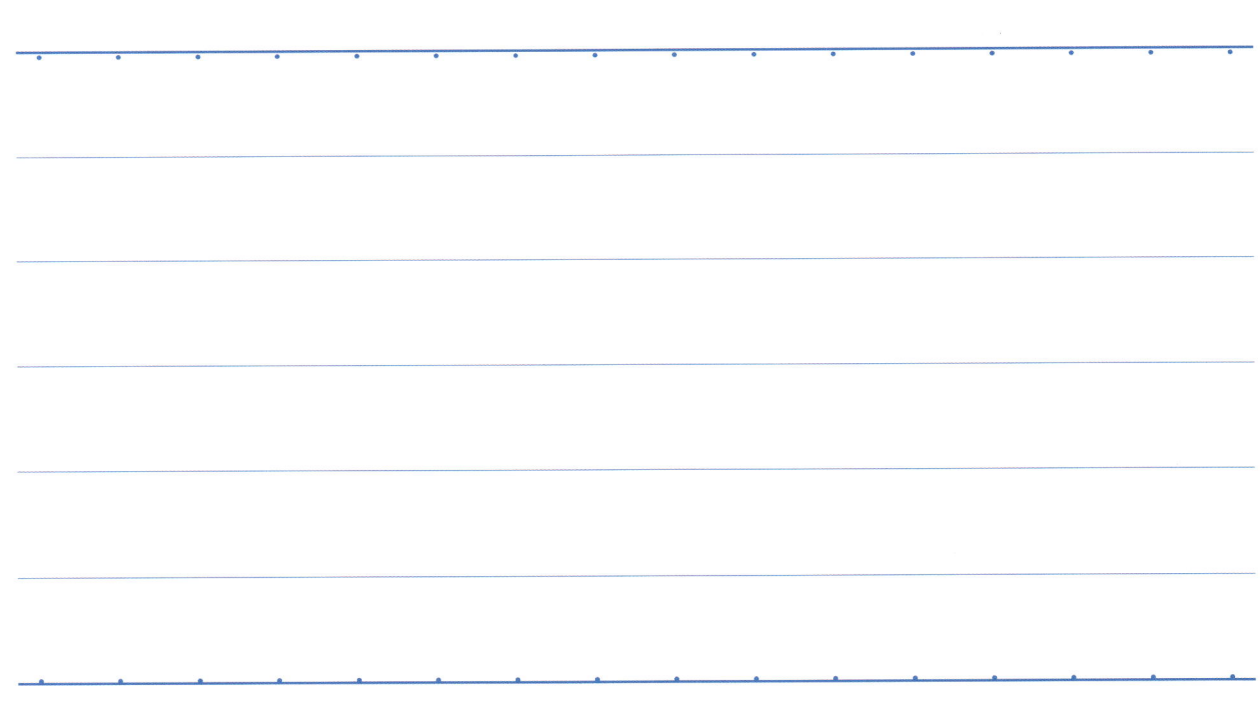

인생 스토리북

뇌톡톡 회상카드

놀 이

인생 스토리북

뇌톡톡 회상카드

놀 이

인생 스토리북

뇌톡톡 회상카드

놀 이

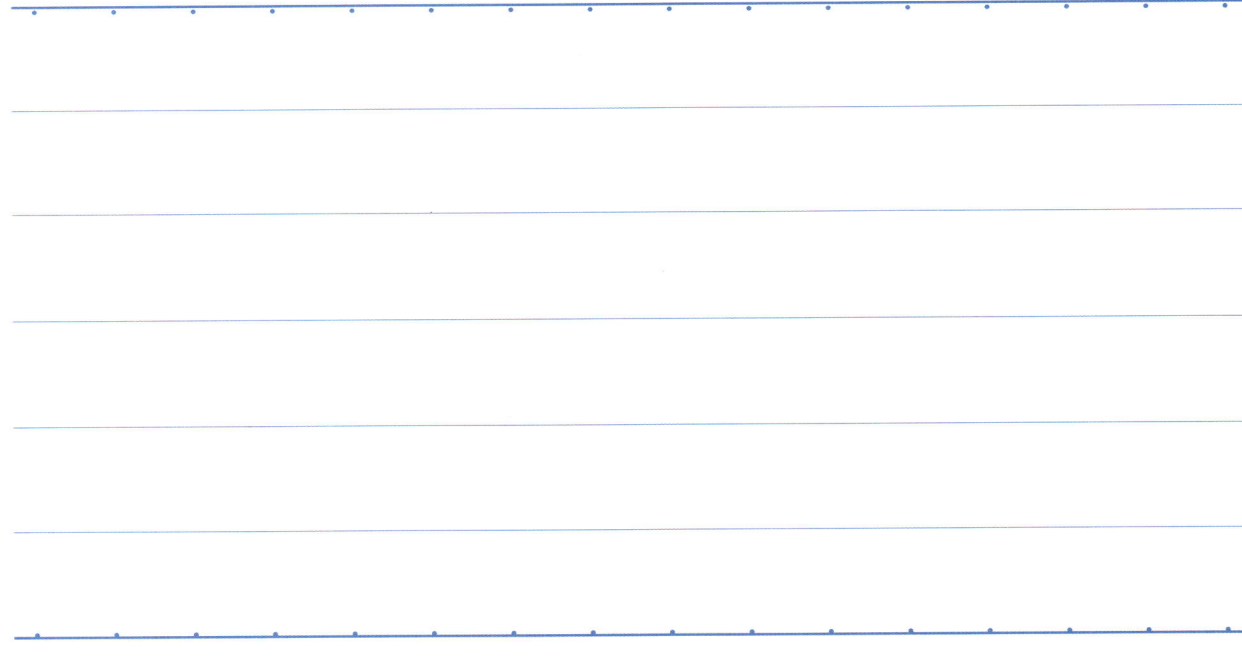

인생 스토리북

탈 것

인생 스토리북

뇌톡톡 회상카드

탈 것

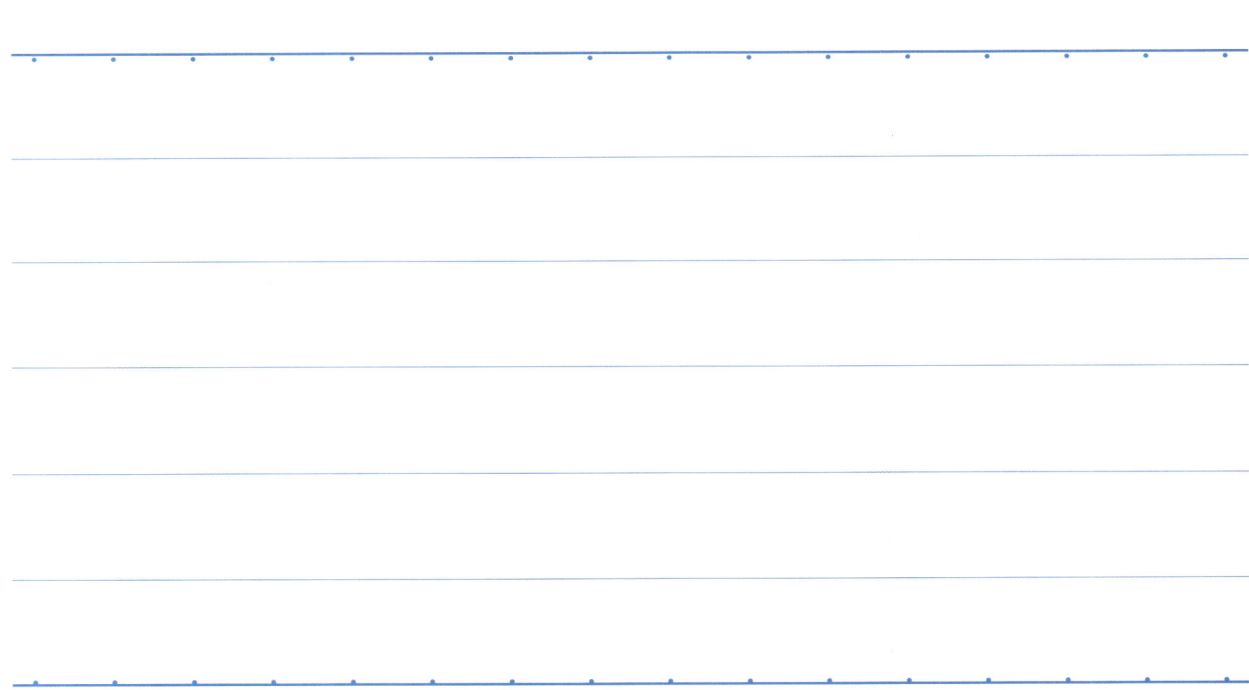

인생 스토리북

뇌톡톡 회상카드

탈 것

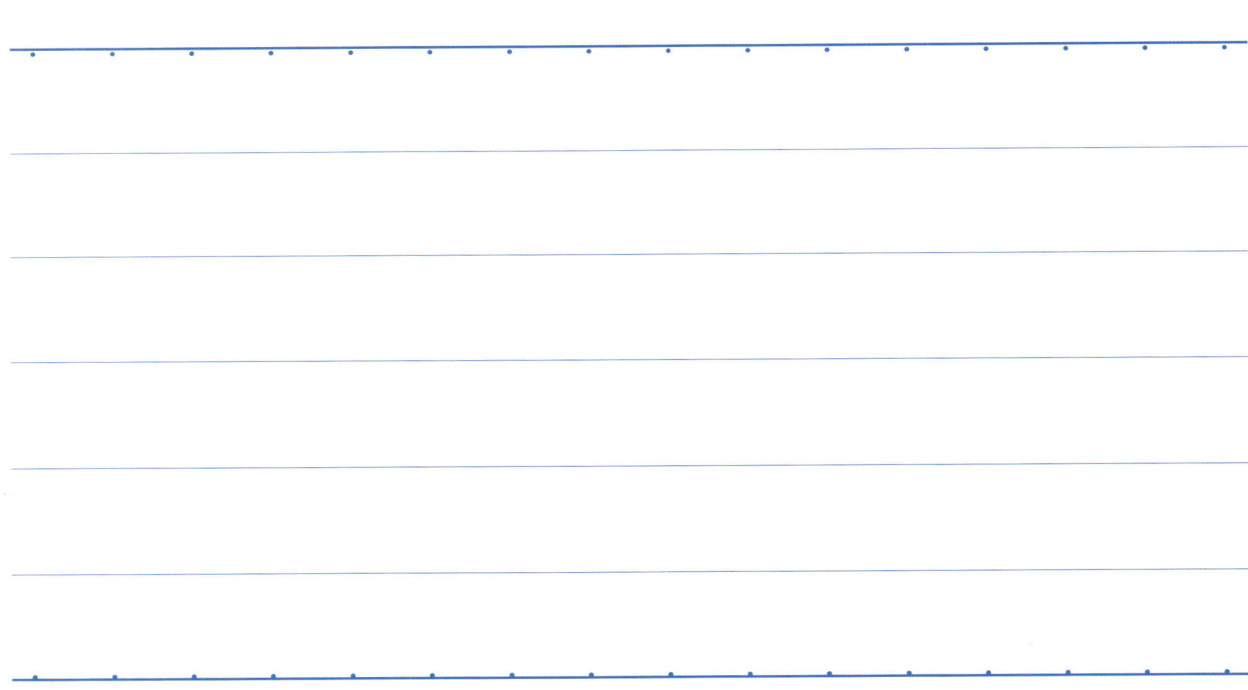

인생 스토리북

뇌톡톡 회상카드

여 행

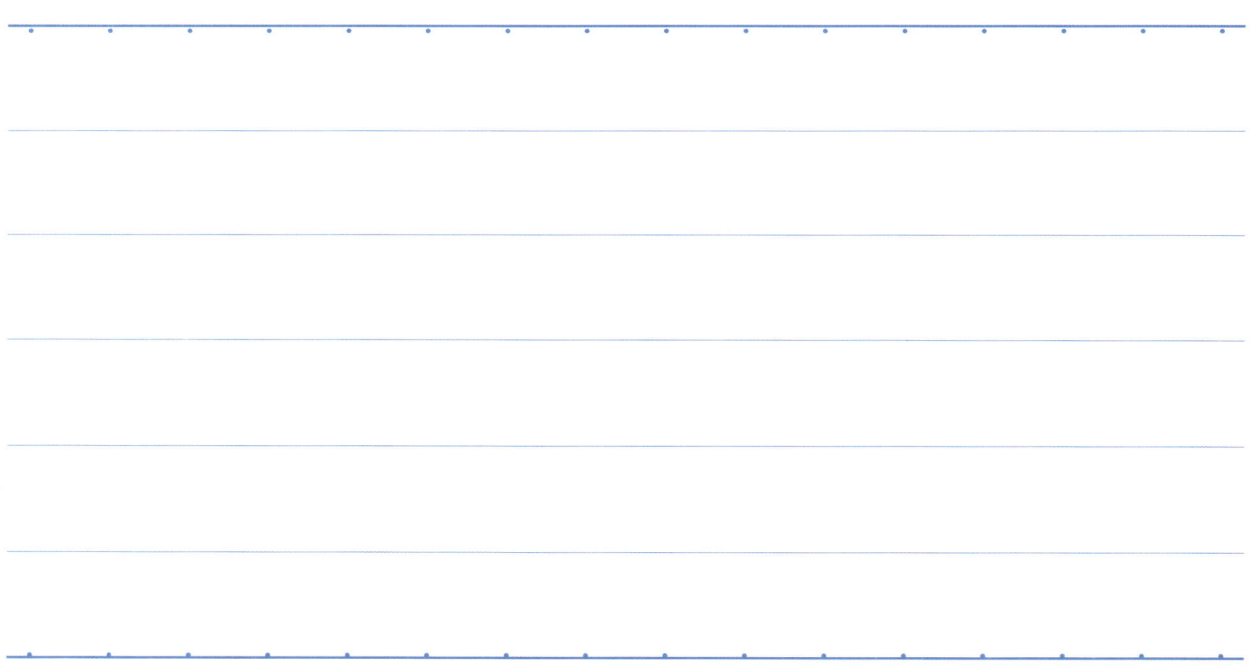

인생 스토리북

뇌톡톡 회상카드

여 행

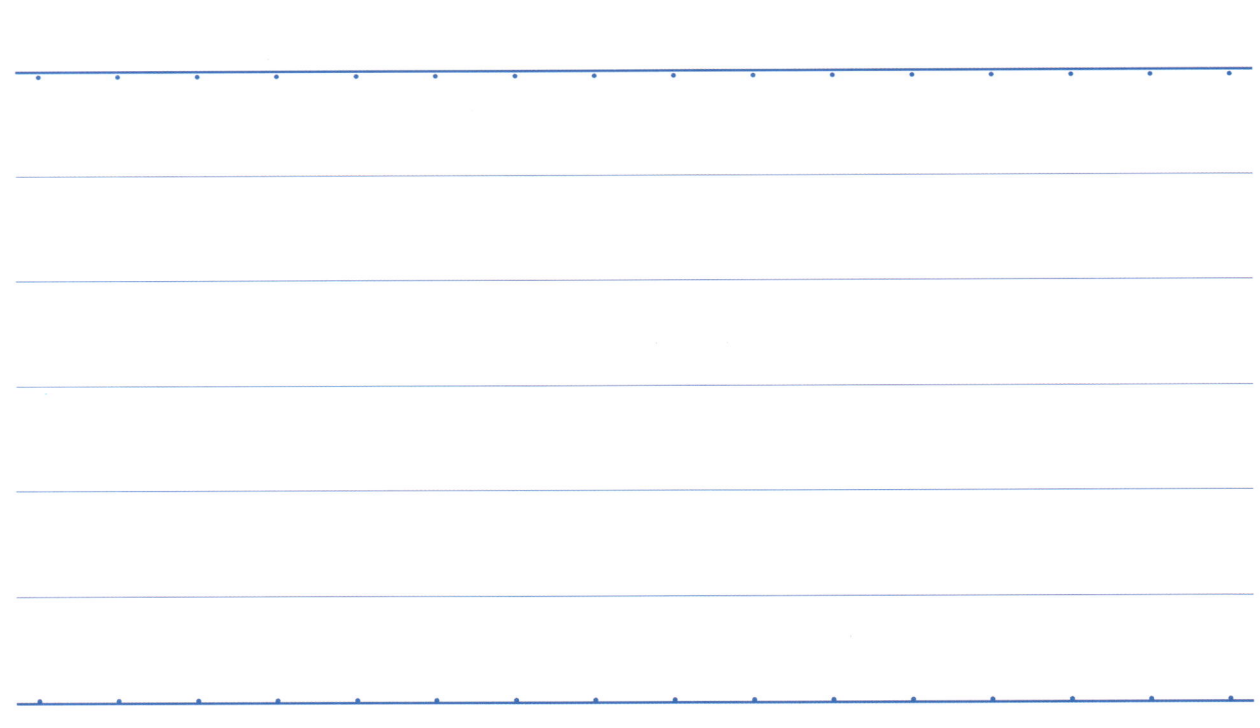

인생 스토리북

뇌톡톡 회상카드

여 행

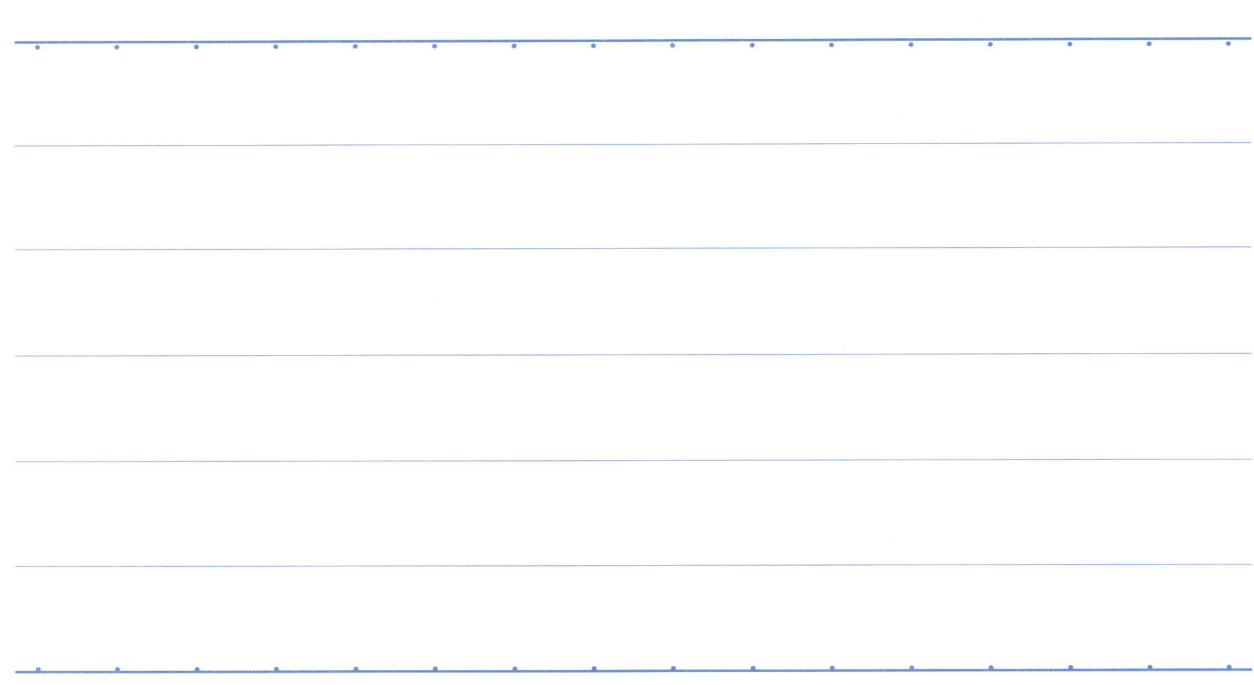

인생 스토리북

감정카드

기쁘다

인생 스토리북

감정카드

놀라다

인생 스토리북

감정카드

어렵다

인생 스토리북

감정카드

행복하다

인생 스토리북

감정카드

슬프다

인생 스토리북

나의 이야기

어린 시절

인생 스토리북

나의 이야기

청년시절

인생 스토리북

나의 이야기

중장년시절

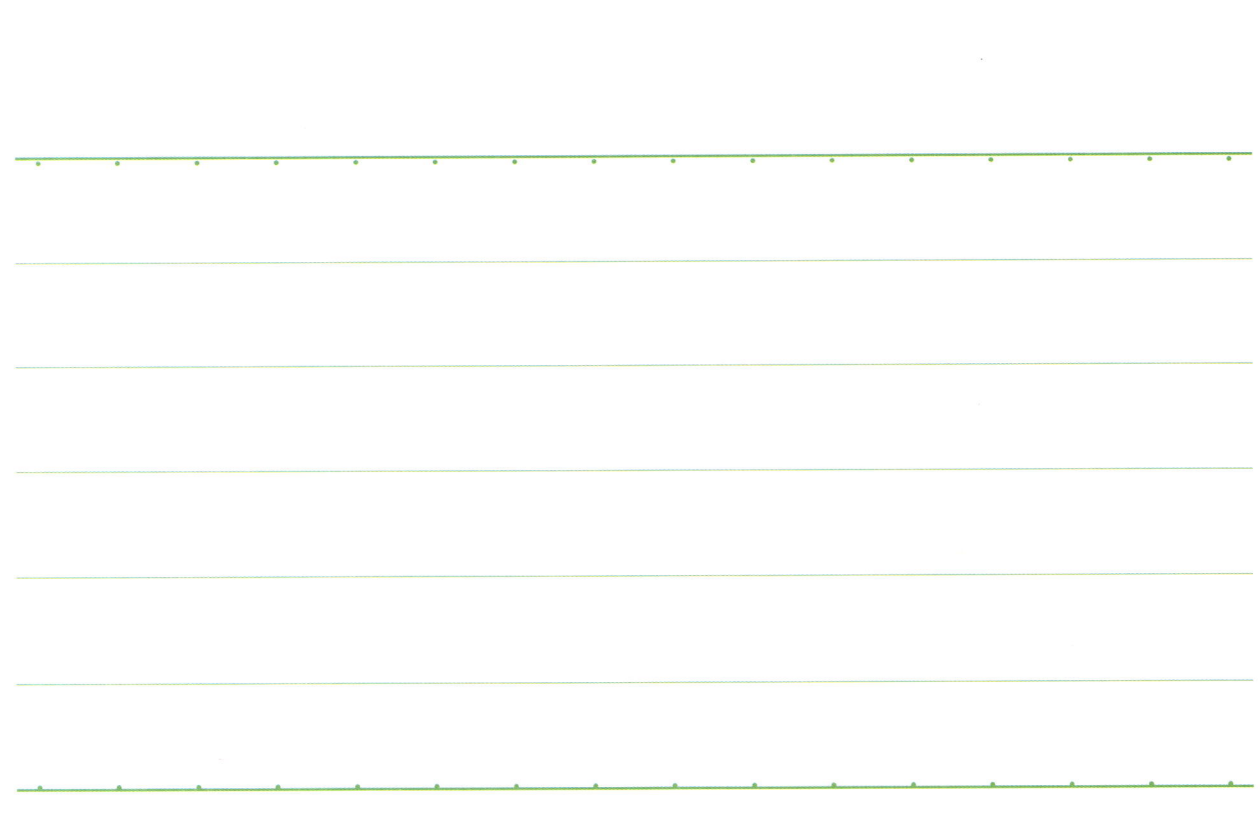

인생 스토리북

나의 이야기

현재의 나

인생 스토리북

나의 이야기

가족

인생 스토리북

나의 이야기

가족

인상 스토리북

나의 이야기

친구

인생 스토리북

나의 이야기

친구

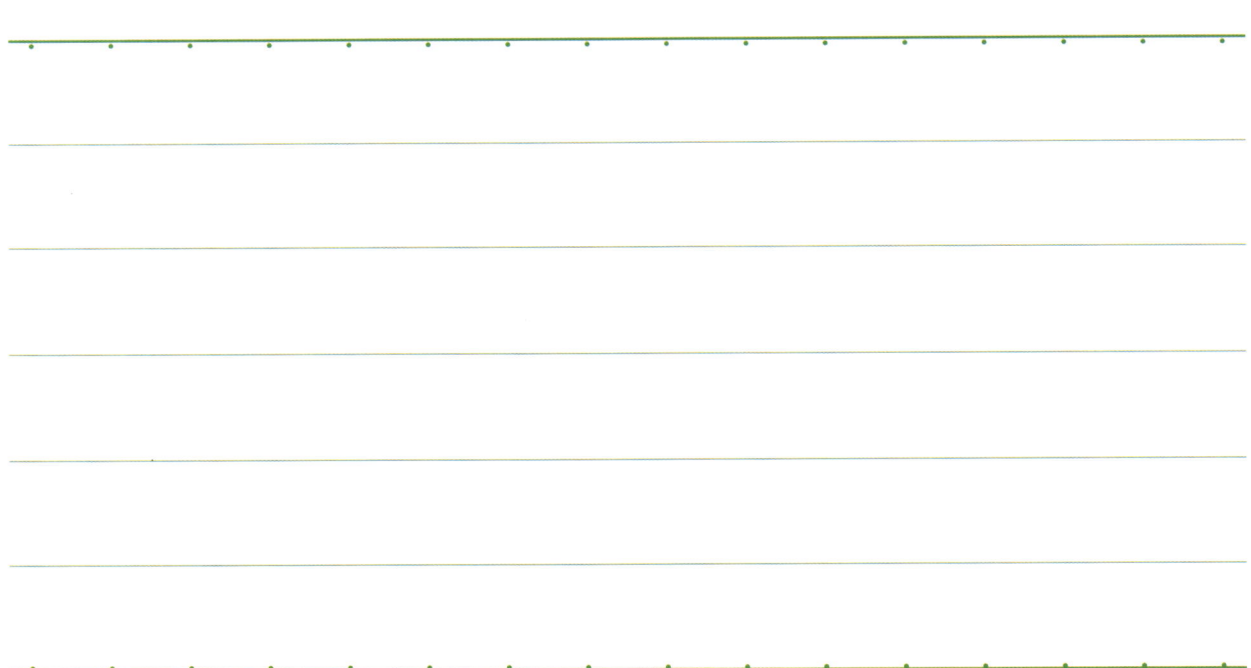

인생 스토리북

나의 버킷리스트 / 나의 사전연명의료 의향서

미래의 내 버킷리스트

1.

2.

3.

4.

5.

6.

7.

8.

9.

10.

■ 호스피스·완화의료 및 임종과정에 있는 환자의 연명의료결정에 관한 법률 시행규칙 [별지 제6호서식]

사전연명의료의향서

※색상이 어두운 부분은 작성하지 않으며, [ ]에는 해당되는 곳에 표시를 합니다.

등록번호		※등록번호는 등록기관에서 부여합니다.	
작성자	성 명		주민등록번호
	주 소		
	전화번호		
호스피스 이용	[ ] 이용 의향이 있음		[ ] 이용 의향이 없음
사전연명의료 의향서 등록기관의 설명사항 확인	설명 사항	[ ] 연명의료의 시행방법 및 연명의료중단 등 결정에 대한 사항 [ ] 호스피스의 선택 및 이용에 관한 사항 [ ] 사전연명의료의향서의 효력 및 효력 상실에 관한 사항 [ ] 사전연명의료의향서의 작성·등록·보관 및 통보에 관한 사항 [ ] 사전연명의료의향서의 변경 철회 및 그에 따른 조치에 관한 사항 [ ] 등록기관의 폐업·휴업 및 지정 취소에 따른 기록의 이관에 관한 사항	
	확인	위의 사항을 설명 받고 이해했음을 확인합니다. 년 월 일 성명 (서명 또는 인)	
환자 사망 전 열람허용 여부	[ ] 열람 가능	[ ] 열람 거부	[ ] 그 밖의 의견
사전연명의료 의향서 등록기관 및 상담자	기관 명칭		소재지
	상담자 성명		전화번호

본인은 『호스피스·완화의료 및 임종과정에 있는 환자의 연명의료결정에 관한 법률』제 12조 및 같은 법 시행규칙 제8조에 따라 위와 같은 내용을 직접 작성했으며, 임종과정에 있다는 의학적 판단을 받은 경우 연명의료를 시행하지 않거나 중단하는 것에 동의 합니다.

작성일   년   월   일
작성자   (서명 또는 인)

등록일   년   월   일
등록자   (서명 또는 인)

나에게 보내는 편지

나에게 보내는 편지

인생 스토리북

소감문

소감문

인생 스토리북

나무 꾸미기

나만의 나무 꾸미기

인생 스토리북

손 그리기

왼손 그리기

인생 스토리북

오른손 그리기

더하고 싶은 이야기

더하고 싶은 이야기

인생 스토리북

더하고 싶은 이야기